G. 1645.
21.

17205

L'HISTORIEN SUBALTERNE

Relation fans Gafconade de notre Campagne
de 1756. tant en SILESIE d'où nous ne
fommes point fortis, qu'en BOHEME,
où nous ne fommes plus,

Et en SAXE, où nous fommes encore, dans
la Paille jufqu'au Ventre.

TRADUIT DU L'ALLEMAND

De fameux MITCHELL SCHAURRBARTH,

Difciple du celebre MITCHELL EISENFRESSER. .

Premier Caporal de Grenadiers de PRUSSE,

PAR

JEAN DU PONT

Natif de Rennes en Bretagne,

Ci-devant Copifte de l'Academie, Maintenant
Tambour dans la Compagnie Colonelle
du Regiment de la CALOTTE.

M. DCC. LVII.

APPROBATION ET VISA.

Nous souffignés Interprétes jurés, pour la Langue Allemande, Certifions, que la Relation Allemande de la Campagne de 1756. faite par le Caporal *Michel la Mouftache*, Difciple du Sergeant *Michel Mangefer* eft conforme, au ftile près, à la Relation Françoife, publié par ordre de........., en foi de quoi, nous en permettons l'Impreffion, & recommandons la Lecture.

A B..... *le* 1. *Decemb.*   HANS S.......
       1756.   JOSEPH S........
                              THOMAS H....

Nous souffignés Academiciens, de la Claffe de Grammaire & Rhetorique Speculatives, avons lu la traduction faite par le nommé JEAN DU PONT, du Regiment de la Calotte, de la Relation Allemande Intitulée l'*Hiftorien Subalterne*; & ayant trouvé tous les faits vrais, toutes les Conjectures bien fondées, nous en permettons l'Impreffion.

A B...'.. *le* 12. *Decemb.*
      1756.

                              L. DE FR........
                                A. DE PR........

Camarades Soldats, Grenadiers mes Freres.

Un de nos Messieurs, Officier de bonne Maison, s'est avisé de publier en François la Relation de nos Exploits. Il a eu bonne intention, & je vous porterai un de ces jours une brinde à sa Santé, Mais avant que de dire au Public ce que notre grand Roi veut que le Public croye, il convenoit de nous apprendre à nous mêmes ce que Sa Majesté ordonne que nous tenions pour avenu; & pour cela il falloit mettre la Relation en Allemand. N'ai-je pas raison? Or comme dit le Proverbe, vaut mieux tard que jamais. Six ans passés à tenir les livres de la Compagnie, sous le brave *Eisenfresser* mon Sergeant, m'ont mis en état d'écrire. Je vais accommodes au genie de notre bonne langue Allemande l'Histoire Françoise. Ecoutés · moi, valeureux Soldats du plus brave Prince qui ait jamais fait payer à ses voisins l'écot de ses gens.

Que notre grand Roi ait voulu la guerre, ou qu'il la fasse à son Corps défendant: c'est ce qui ne nous fait rien, & je m'en bats l'œil; il nous paye bien ; & il n'y aura que des Sots qui trouveront mauvais qu'il nous fasse gagner notre pain. Tant y a, s'étant resolu à la guerre, *il a pris ses mesures pour la faire. Il destina au* bon homme *Lebwald*, General que Dieu veuille connoître mieux que nous ne le connoissons, *le*

Com-

Commandement en Pruſſe; au vieux *Schwerin* qui nous ſauva à Molwits *le Commandement en Sileſie*; & il ſe reſerva à lui-même l'armée principale, *qui devoit agir en Saxe & en Boheme*, où nous comptions ſurprendre nôtre monde. Moi qui vous parle, j'ai eu l'honneur d'être de cette troiſième Armée, & j'ai ſuivi nôtre grand Roi en avant, comme en arriére: Je l'ai vu de mes yeux.

Il vous ſouviendra, comment nôtre invincible Monarque partit pour la Chaſſe. Sa Majeſté jugea, que les Saxons, *qui s'étoient divertis à camper & decamper*, devoient nous laiſſer prendre à notre tour ce divertiſſement ſur leurs terres. Vous ſçavés comment nous devions *ſur trois Colonnes traverſer la Saxe*, & entrer en Boheme. L'Homme propoſe, & Dieu diſpoſe. Notre grand Roi qui nous aime, nous crut bien là où nous n'avions point la peine de compter avec nos Hôtes, & nous fît reſter en Saxe. Tout en grugeant le bon Saxon, & careſſant la jolie Saxonne, nous vinmes à Pirna, où étoient raſſemblés 15 à 16. mille Saxons, beaux gaillards bien decouplés, que nos Capitaines s'étoient déjà partagés pour leurs Recrues. Au diable celui de nous qui ne comptoit pas déjà boire aux dépends de ces nouveaux venus. Nous fumes étrangement ſurpris que cette Troupe, que notre grand Monarque appelloit fort joliment le piquet Saxon, voulut nous faire tête. Nos officiers parlerent de les forcer dans leur petit Camp; & notre Major vouloit que nous remiſſions notre déjeuné après l'execution. Nous n'en voulumes rien
faire,

faire , au risque de déjeuner une seconde
fois, dont bien nous prit ; car on entendit
courir le bruit, que les Saxons compensoient
leur petit nombre par leur courage & leur
bonne volonté, par la présence de leur Sou-
verain, par la capacité de leurs généraux.
Nos Messieurs se souvinrent qu'à Kesselsdorf,
en 1745. Sans le Général Diemar, & le Major Général Arlsbeck, que Dieu absolve pour
le bien que leur faute nous valut, le Comte Rutowski nous auroit taillé de terribles
croupiéres, & ils ne voulurent point risquer
de jouer avec lui quitte ou double. En effet
le Comte avoit sur eux Quinze & Bisque. *Il
avoit mis à profit tous les avantages naturels
du poste, & il leur avoit joint tous ceux de
l'art, le front de sa petite Armée, ou de son
Camp, étoit inabordable. Sa droite étoit apuyée à la Forteresse de Konigstein. Sa gauche
se prolongeoit jusques sous la forteresse de Sonnenstein ;* & quoique de l'une de ces fortres-
ses à l'autre il y ait une plaine de près d'une
lieue de long, les retranchemens & les aba-
tis que le Comte Rutowski avoit fait faire,
étoient si hauts, que nous crumes pendant
cinq semaines, que tout ce terrain *étoit semé
de rochers couverts de pins.* De Sonnenstein
à Konigstein l'Elbe a son cours en arc, nous
n'avons bien sçu comment, qu'après le depart
des Saxons : avant ce jour si desiré, nous
nous imaginons que ce grand fleuve qui voi-
ture les plus longs trains de bois, & de grands
batteaux plats, étoit *un torrent serré entre
des Rocs. Tout cela fit resoudre par nos Messieurs de changer le plan d'attaque en Blocus* ;

& en dépit de l'usage de la guerre de Campa-
gne, de traiter plutôt ce corps d'armée en Vil-
le assiegée, qu'en poste attaquable. Souvent
la meilleure régle est de n'en suivre aucune.
Halte.

Voilà, mes Camarades, la Campagne de
la moitié d'entre vous en Saxe. Souvenés
vous en bien, afin de ne pas varier dans les
Contes que vous en ferés. Vous arrivates
devant Pirna sans tirer l'épée, sans bourse
délier. Notre invincible Monarque passoit
en Saxe, pour aller en Boheme par le plus
court chemin. Mais sa tendresse pour vous
l'emporta sur son intérêt. Il ne voulut pas
vous faire essuyer la résistance meurtrière des
Saxons. Pour menager votre sang, il aima
mieux vous faire manger le pays, que combattre l'Armée de son premier ennemi. Sur
ce que cet acte d'humanité lui coutera un
jour, vous mesurerés la reconnoissance que
vous lui devés. Un Charles XII. plein d'ar-
deur & d'impatience, n'en auroit point agi
ainsi. Il vous auroit fait marcher dans le
sang jusqu'aux genoux, plutôt que de perdre
l'avantage de la surprise, & la reputation de
ses armes au commencement d'une guerre.
Mais si vous aviés lû l'Histoire, vous sçau-
riés que Dieu ne benit point ces généraux
sans pitié. Arrive ce qui pourra au Prin-
temps de l'année prochaine : nous avons de
bons quartiers ; & c'est toûjours avoir vécu
en Hyver. Je revins à mes Moutons.

Le Roi de Pologne, & son Général se fi-
gurorent, que nous n'aurions pas le courage
de croquer le marmot, pendant trois à qua-

tre :

tre ſemaines que leurs vivres pouvoient du-
rer. Nos Généraux refléchiſſent plus qu'on
ne le croit. *L'experience du paſſé les avoit
rendu Sages pour l'avenir.* Ils ſe ſouvenoient
des Algarades de l'an 1744. Ils ſe rapelloient
qu'il ne ſeroit pas échapé un ſeul Pruſſien à
la fuite de Prague, ſi le Général Autrichien
avoit pû donner ſur nous en queue, tandis
que les Saxons, Auxiliaire déclarés de la
Reine, nous auroient arrêtés ſur Cul. C'en
étoit aſſés pour *qu'ils ne vouluſſent ni pouſſer
des pointes, ni s'en mettre au derriere, en
laiſſant une petite armée en état de les prendre
à dos.* Il fut donc reſolu de bloquer exacte-
ment, quoique du plus loin poſſible, *le petit
Camp de Pirna, & de former une armée d'ob-
ſervation, pour empêcher* le ſecours Autrichien.

Trente-huit Bataillons, faiſant environ 20000
hommes d'Infanterie, & 30. *Eſcadrons* compoſés d'environ 6000. Cavaliers occupèrent
*toutes les avenues du Camp Saxon. Vingt
neuf autres Bataillons,* faiſant 15000. Fan-
taſſins, & 70. *Eſcadrons* compoſés de 14000.
Maitres, *furent deſtinés pour tourner la Montagne de Konigſtein, & aller à trois Milles
de la Fortereſſe couper l'Elbe aux Saxons.*
C'eſt ce que nous avons ordre d'apeller l'armée de Boheme, ou l'Armée d'obſervatior.
Cette admirable poſition fut priſe avec une
intrépidité merveilleuſe, les Saxons ne pou-
vant pas s'y oppoſer, & les Autrichiens é-
tant à trente lieues de là, ſous la Conduite
d'un certain Feld-Marechal Comte de Broune, que vous devés croire *uniquement oc-*

 cupé

cupé dans ce temps la à *se reſſerrer dans ſon Camp de Collin*, trois lieues au deſſus de Prague.

Une autre *Armée Autrichienne commandée par le General Picolomini faiſoit face* de plus près à *notre* vieux *Schwerin qui étoit ſur la Frontiére* interieure *du notre Comté de Glatz.* Notre vieux Maréchal faiſoit des prodiges. Après avoir fait une terrible deconfiture de 200. Huſſards Autrichiens, il fit enlever à la Barbe de ce Picolomini 999. Bottes de foin, 666. gerbes de paille. 333, picotins d'avoine, & 111. trouſſes de feuilles ſeches. Mais après ces proueſſes, il ſe tint coi, *c'étoit tout ce qu'il pouvoit faire*; car le malheur nous en vouloit. Les généraux ennemis étoient determinés de faire la guerre plus de tête que de bras. Ce Picolomini s'étoit poſté à peu près ainſi que le Comte Rutowski, préciſement comme il falloit pour nous aſſommer, au cas que nous oſaſſions l'attaquer. *Il étoit retranché au Confluent de l'Elbe & de l'Adler ſon Camp étoit inattaquable par ſon front*, & notre vieux Schwerin n'étoit pas homme à prendre ce général Italien par derrière, de ſorte que nos Meſſieurs prenant galament leur parti, dirent, *que ce n'étoit qu'en Saxe ou les grands coups devoient ſe frapez.* Le croira dans l'Europe qui voudra: mais nous devons être pret à jurer, Camarades, que nous y en avons frapé de très grands; peut-être après être parvenu à nous le perſuader, nous le perſuaderons un jour à tout le monde.

Vers la fin de Septembre, *nous apprimes,*

que

que le *Maréchal Broune* avoit ordre de dega-
gez les Saxons. Ce B oune occupé à se reffer-
rer dans son camp de Collin, se trouvoit, Dieu
fait comment, *campé à Budin*, quatre milles en deca de Prague; & le Diable toûjours
contre nous mettoit son Camp *à un autre*
confluent, qui est celui de l'Elbe & de l'E-
gra. Le Sergeant *Mitchell Eifenfreffer*, di-
foit en ce temps-là, *le Maréchal Broune*
avoit trois moyens pour executer l'ordre de fe-
courir les Saxons. Le *premier*, difoit-il en
comptant par ses doigts, *feroit d'attaquer*
notre Armée d'obfervation, & de la battré,
ce qui n'est pas aifé. Le *fecond, de marcher*
par fa gauche, en prêtant le flanc à notre Ar-
mée, & en rifquant d'avoir fes Magazins cou-
pés. Mais ce Maréchal Broune, continuoit-
il, n'est pas un fot. Vous verrés qu'il ne
prendra ni l'un ni l'autre de ces deux
moyens. Il choifira *le troifième, qui confiste*
à faire un Détachement par Leutmeritz pour
Schandau. Cette Manœuvre, ajoutoit Mitchell, *ne le menera à rien, & ne fera point*
decifive pour nous, quelque foit fon fuccès.
1. Parce qu'ayant pris nos poftes fans être
troublés, nous les avons tels qu'une Armée
entière bougueroit contre eux. 2. Parce-
qu'un Detachement Autrichien battu n'af-
foiblira pas affés l'armée ennemie, pour la
mettre hors d'état de nous tenir coignés en
Saxe. De tout cela il refulte, que les
Saxons fe tueront les uns les autres, ou fe
rendront à nous: & que le temps qu'ils nous
aurons mangé, donnera aux Autrichiens celui d'affembler leurs Troupes, & de les fa-

A 5

mi-

miliarifer avec l'idée de notre incomparable valeur.

Cependant le Roi crut le moment affés criti-que pour exiger fa préfence en Bohème, Sa Majefté partit un beau matin, & arriva un beau foir. Notre Armée d'obfervation fe mit en marche. C'étoit agir prudemment: car pour être témoin des mouvemens de l'ennemi, il ne falloit pas fe tenir hors de fa vue. Qui fçavoit d'ailleurs, fi la préfence d'une armée prête à combattre ne le tiendroit pas en ref-pect? Mais je ne comprens pas, comment ces Autrichiens font leurs affaires. Nous en étions fi mal informés, que fi notre a-vantgarde ne fe fut placée fur les hauteurs de Bafcopol, nous aurions toújours ignoré que Mr. Broune étoit dans la plaine. Notre a-vantgarde continua de marcher à Welmina. Ce village, Camarades, eft fitué dans un baffin environné de montagnes, dont la pluf-part raffemblent à des pains de fucre; c'eft ce que j'ai ordre de vous apprendre. Mais peut être ne faififfés vous pas ce que c'eft qu'un Village dans un baffin, & des Mon-tagnes de pain de fucre. Cela veut dire que le Village de Welmina eft bâti dans le creux d'un Vallon, & que les hauteurs qui l'environnent, finiffent pour la plufpart en piramide, comme vous diriés un de nos Bon-nets faits pour Gargantua. Rien n'eft plus important que la connoiffance de la carte. Si bien donc que notre armée paffa par Welmina. Elle fut reunie le 1er. Octo-bre.

Ce jour à jamais fameux dans nôtre hif-
toi-

toire, *le Roi envoya reconnoitre l'ennemi; &*
on reconnut, qu'on ne reconnoissoit rien, par-
ce qu'un de ces brouillards qu'on fendroit
volontiers avec le fabre, *repofoit fur la plai-*
ne. Or ce brouillard qui repofoit, *laiffoit à*
peine appercevoir comme au travers d'un Cré-
pe, c'eft-à-dire comme vous verriés au
jeu de colin maillard avec votre cravate
noire fur les yeux, ce brouillard, dis-je,
laiffoit voir au travers d'un Crêpe le Bourg
de Lowofitz, que nous apellerons une Vil-
le pour l'honneur de la Bataille, *& deux*
énormes colonnes de Cavalerie, chacune de
quatre à cinq Efcadrons, faifant huit à 900
hommes. Sur cette aperception confufe, *il*
fut refolu de déployer l'armée. Je ne vous dis
point, comment fe fait le deployement, *à*
droite, à gauche, doublés, ferrés, &c. Cela
eft bon à expliquer en François. Pour vous
Camarades à qui des milliers de coups de
bâton ont imprimé le deployement dans
l'efprit, je vous fais grace de la Defcrip-
tion... *La Cavalerie fe mit en feconde*
ligne. Vous demandéres pourquoi je ne vous
dis pas auffi que chaque foldat enfonça fon
bonnet, mit fon mouchoir à fa poche, &
but le Brandevin, je vous reponds, que
toutes ces manœuvres fe fupofent comme
des préliminaires effentiels, au lieu que notre Cavalerie n'ayant rien fait en feconde
ligne, c'eft juftement à caufe de cela, que
l'Hiftoire ne doit pas laiffer ignorer qu'elle
s'y eft mife. *Le Terrain où nous nous mi-*
mes en bataille avoit du baut & du bas. Le
plan qu'en donne l'Hiftorien François eft ab-

fur-

furde, n'importe : vous croirés que les Pandoures étoient entre le centre, la gauche &
la droite, en un Tas; que nos bataillons ne
pouvoient pas s'étendre, & que cependant
on en pouvoit mettre fept à huit de front.
Vous placerés l'Elbe fur la Montagne, à la
quelle notre pointe gauche étoit apuyée. Sa
Majefté vous permet de mettre ces Mate-
riaux en œuvre à votre fantaifie, ou de bro-
der comme il vous plaira fur le fond qu'Elle vous fait fournis. Revenons.

Le terrain où nous mimes en bataille avoit
du haut & du bas. *Le Revers des hauteurs
étoit couvert de Vignes;* & ce qui paroitra
une fable à ceux qui n'ont pas été en Bohème, ces Vignes n'apartenoient point à
un mêmè Maitre, les naturel, du pays ne
nous donnèrent point d'autre raifon *d'une
multitude d'enclos, en forme de parcs, qui
avoient leurs petites murailles de pierres fé-
ches jufqu'à trois piés de hauteur.* Ces Enclos, nous dirent des Bohèmes dignes de
foi, *bornent & feparent les heritages de par-
ticuliers.* Quoiqu'il en foit, *ce fut dans ces
Enclos, que le Maréchal Broune envoya fes
Pandoures pour nous arrêter.* Vous êtes ou-
trés, Camarades, du mepris que nous te-
moigne le général Autrichien, en nous faifant arrêter par des Pandoures! j'en fus in-
digné moi. Mais il fallut prendre patience.
Le Diable de Broune étoit le plus fort; &
il eft fi peu fur le compliment, qu'il ne dai-
gna point faire un pas en avant vers notre
grand Roi, qui s'amufoit à fa gauche. On
auroit dit d'un grand Seigneur qui donnoit

à sa famille le spectacle d'un Chamaillis de ses Valets.

Soyés prêts à jures Camarades, que nous pouvions marcher en bataille sur un front de sept bataillons, & que cependant chacun de nos battaillons s'engageoit avec l'ennemi, à mesure qu'il entroit en ligne. Cela vous paroît contradictoire, mais ne l'est pas, le Roi vous le garantit. Comme notre heureuse Education nous forme à croire, que nous sommes la terreur de toutes les autres troupes de l'Europe, nous nous imaginâmes bravement, *que le Marechal Broune s'enfuïoit*; & comme ces Pandoures ne savent pas brules autant de poudre que nous, il nous fut évident, *qu'ils tirailloient pour marquer la retraite de leur général.* Il y eut même de nos Messieurs, qui virent avec leurs lorgnetes d'Opéra, *que ces deux énormes corps de 4 à 5. Escadrons étoient l'arrière-garde ennemie*; & ils nous ordonnèrent de crier Victoire. *Mais le brouillard ayant cessé de reposer sur la plaine, nous fumes guèris de la berlue.* Il n'y eut que notre Maréchal Keith avec nos autres Généraux, dont les yeux demeurèrent fascinés. *Ils virent cette Cavallerie Autrichienne changer continuellement de forme & de figure. Tantôt elle leur sembloit une nuée immense de centaures, tantôt elle leurs paroissoit à peine une Escouade. Dans un moment ils la voyoient rangée en Echiquier. Un moment après, ils la voyoient disposée sur trois lignes, dont chacune étoit contigue.* Souvent-ils se figuroient cinq à *six troupes, qui disparessoient tout à coup, en se*

re-

retirant par leur gauche. Notre Maréchal Keith, foupçonna ce Diable de Broune d'être forcier. Toûjours eft il bien vrai, que s'imaginant voir un inftant ces huit à dix efcadrons Autrichiens au naturel, il fe hâta de mettre le forcier en defaut, *en faifant charger ces dix Efcadrons par vingt des nôtres.* Je commence la terrible Bataille. Attention, Camarades !

Nos vingt Efcadrons fe formèrent au pié de la hauteur, où étoit notre Infanterie: Rien de plus merveilleux que leur promptitude à fortir de leur feconde ligne. Il eft vrai que perfonne n'étoit-là pour les troubler. Mais c'eft toujours une belle chofe que la diligence. Ces 2000. Héros *partirent de la main, & deux contre un ils chargérent & renverfèrent les buit ou dix Efcadrons Autrichiens.* Ils eft encore vrai, qu'ils ne tuèrent ni ne bleffèrent pas grand Monde. Mais c'étoit beaucoup de diffiper cette troupe enchantée; & vous fçavés que le meilleur Chrétien n'en fauroit faire d'avantage contre les Demons, & les Revenans. *Tout à coup nos 2000. Braves ne virent plus perfonne.* Il avoient bonne envie d'aller relancer les forciers jufques dans le lieu de leur retraite: & ils l'auroient fait, fi *certain feu de flanc* (ce n'eft point ici jargon de forcier, le feu de flanc n'eft rien autre chofe, que des coups de fufil tirés de droite & de gauche) fi certain feu de flanc, *qui leur venoit de Lowofitz & de Sulowitz ne les avoit obligés*. . . . Halte Camarades. . . . n'allés pas dire que ce feu de flanc fit tourner le dos à nos vingt Efcadron:

gar-

gardés vous en bien. Ce feu de flanc les obligea seulement à regagner modestement le pié de la hauteur d'où ils étoient partis. Vous noterés, mes Freres, que ce ne fut qu'alors que nos Généraux jugèrent que l'ennemi se trouvoit vis-à-vis de nous. La remarque ne fait pas honneur à leur jugement: cependant pour des raisons dont je ne me soucie pas, j'ai ordre de vous la recommander.

Le Roi voulut remettre en seconde ligne cette brave Cavalerie ; mais avant qu'on put lui porter cet ordre, emportée par son impetuosité naturelle, & par le desir de se signaler, elle donna pour la seconde fois sur ces Autrichiens renversés: puis elle renversa tout ce qui lui étoit opposé: puis elle essuya ce même feu de flanc, qu'elle avoit esquivé à la première charge: puis elle poursuivit l'ennemi au de-là de trois mille pas: puis elle franchit un fossé de quatre pas de large: puis trois cens pas plus loin elle vit un autre fossé de je ne sais combien plus large: puis elle n'ôsa franchir ce second fossé: puis elle vit derrière ce dernier fossé l'Infanterie Autrichienne: puis elle entendit exécuter sur elle, c'est-à-dire, tirer, 60. Canons Autrichiens: puis elle ressauta le premier fossé de quatre pas de largeur : puis elle retraversa à toute bride l'espace de trois mille pas: puis sans avoir presque vû aucun ennemi, elle vint se remettre au pié de la hauteur, d'où elle étoit partie. Camarades, je suis bien aise de vous dire qu'il y a cent Coups de baton pour celui d'entre vous qui osera gloser sur ce recit authentique. Ecoutés les preuves, & taisés vous.

Ce

Ce ſorcier de Broune voïant que nôtre Maréchal Keith vouloit rompre ſon enchantement, fut mis en deſarroi, vous devés tenir pour ſur, qu'il avoit perdu la tête, & qu'il ſe fit pluſieurs miracles en nôtre faveur à cette occaſion. 1. le Général Autrichien avoit pouſſé des Bataillons à Lowoſitz, ſur droite & gauche, & des eſſains de Pandoure, dans les Vignes. Il les avoit pouſſé à 3300. pas devant lui, & n'avoit pas mis un ſeul Corps de Troupes dans ce vaſte Intervale pour les ſoutenir. C'eſt un aveuglement qui tient du Surnaturel. 2. le Canon, que nous avions bravement tiré ſur ſes dix Eſcadrons n'avoit point fait de bruit, ou du moins il ne l'avoit point entendu, puiſqu'il n'envoya point les rallier: 3. les vingt Bataillons envoïés par Lowoſitz pour longer l'Elbe, & aller ſoutenir les Pandoures, y vinrent par le chemin de l'Ecole, & fondirent ſous terre pendant que notre Cavalerie revenoit de la pourſuite. Enfin nos Cavaliers coururent ſi vîte, que l'Infanterie ennemie les eut bien-tôt perdu de vue. Chantons le *Te Deum*, & rendons graces à qui il apartiens. *Le Roi* dans l'excès de ſa joye & de ſa reconnoiſſance *ne voulut plus que ſa Cavalerie ſe livrat à de pareilles ſaillies*, & tentât d'avantage notre ange gardien. Sa Majeſté la fit repaſſer en ſeconde ligne, & *la fit maſquer par toute notre Infanterie.* J'ai ordre de vous dire Camarades, que quand on vous parlera des priſonniers faits ſur nous dans ces deux valeureuſes Galopades, qu'il n'y en a eu que 249. *qui* encore *n'auroient point été*

pris,

pris, fi leurs chevaux leur ayant manqué, ils avoient mieux fçu courir. Ils ne purent revenir avec les autres au pié de la hauteur d'où ils étoient partis. C'eft cela feul qui fut caufe, qu'ils reftèrent derrière. Mocqués vous de ceux qui riront de cette explication. Il étoit bien naturel que nos vingt Efcadrons, qui favoient l'inquiétude, où leur faillie mettoit notre grand Roi, qui voyóient devant eux une multitude inombrable d'ennemis, & qui n'en avoient pas laiffé un feul derrière eux, galopaffent à qui mieux mieux, pour s'en revenir à leurs Regimens. Du refte vous vous en tairés fuivant que le demandera la prudence. Ecoutés la fuite.

Vers le temps de cette galopade de 3300. pas, faite fans rencontrer d'ennemis, le feu de notre aile gauche devint plus vif. Tout cet éfpace de terrain qui étoit entre Lowofitz & l'Elbe. Se trouva couvert de troupes Autrichiennes, qui donnèrent figne de Vie. *Le Maréchal Broune avoit fait filer au fecours des Pandoures vingt Bataillons qui longeoient le terrain du Centre à la gauche des Poftes Autrichiens. . . . . il y a là quelqu'embar-*ras. Mes freres. Mais ce ne fera rien, fi vous oubliés que notre gauche avoit tenté inutilement de debufquer ces Pandoures, avant qu'ils euffent reçu ce puiffant renfort. Supofés donc, que nos généraux ne craignirent point d'envoïez contre les Pandoures foutenus de vingt Bataillons, cette même Infanterie qui avoit bougué contre les Pandoures feuls. *Or cette Infanterie Pruffienne* envoïés contre tout ce monde, fit tant de peur à un nombre, qu'il se précipita de pure frayeur dans l'Elbe, une partie d'un autre nombre s'enfuit, on ne sçait où; & une troisième partie d'un troisième nombre se jetta dans les maisons de Lowositz, faisant mine de les vouloir defendre. Ils n'en firent que la mine. Car ils n'eurent pas plûtôt vû le bourg en feu, qu'ils s'imaginèrent que ces maisons n'étoient pas tenables. Attention Camarades à ce grand fait d'armes.

Les deux lignes de notre Infanterie se joignerent, la seconde s'unissant à la première, afin que la masse étant plus solide, elle heurtat plus violemment contre les portes de Lowositz. Il se trouva heureusement que le Bourg n'avoit point de portes. Alors l'Infanterie Prussienne les rangs bien serrés s'avanca au petit pas, les Grenadiers marchant en avant. Ces braves étant parvenus à l'Orée du Bourg, se glissèrent dans son unique rue; & la avec une intrepidité digne d'une meilleure forteresse, n'appercevant personne, ils firent des décharges inombrables de leur fusils par les portes, dans les fenétres, & jusques dans les toits des Maisons. Ils tirèrent avec tant de courage & de bravoure, que le feu se mit par tout. Le Bataillon de Kleist eut l'honneur de contribuer le plus à enflammes ces Maisons; & le Capitaine Bornstæd se distinguant dans cette brillante partie de la guerre, se surpassa, pour ainsi dire, lui-même. Les Munitionnaires ont affirmé par serment, que chaque Soldat de notre gauche, tira en cette grande action au de-là de 50. Coups de fusil. Le Canon

non

non fut servi avec une vivacité qui tient du prodige : en sorte que Sa Majesté a consumé plus de 600,000. charges de poudre à l'incendie de ce Village ennemi. Jugés, Camarades, par la depense, qu'elle étoit l'importance de l'exécution, qu'elle en a été la gloire. Les suites en furent triomphantes. *Neuf Bataillons Autrichiens envoyés justement pour se loger dans Lowositz, trouvèrent que Lowositz n'étoit plus ; & ils s'en retournèrent avec un pié de nés.*

La fin de cette admirable Bataille ne fut qu'une fuite de la part des Autrichiens. Notre Cavalerie avoit beau jeu pour la pourfuite de ces fuyards, éloignés de leur gros d'environ cinq quarts de lieue : & separés de lui par deux fossés, Dieu sçait quels fossés. Il y avoit cent à parier contre un, qu'une nouvelle faillie de nos Cavaliers feroit céder l'obéissance au défir de se signaler. Mais le Diable fut encore pour nos ennemis. 1. *ce large fossé à* 300. *pas des* 3000. *pas, après ce fossé large de* 4. *pas,* ce large fossé existoit encore. 2. derrière ce monstrueux fossé, l'Infanterie Autrichienne se tenoit sur le qui vive. 3. *les* 60. *Canons étoient encore sur leurs affuts, & prêts à être executés.* 4. *ce Diable de Général Broune fit un beau mouvement.* Il faut bien jouer de malheur pour avoir toujours en tête des Généraux qui font plus que Soldats.

Ce Mr. Broune n'avoit point manœuvré comme nous dans toutes les Regles de la Tactique ancienne & Moderne. Il n'avoit point mis toute son Armée, droite,

&

& gauche , première & feconde ligne , en action. *Sa gauche entière n'avoit point été entamée* , elle n'avoit pas même branlé. Qu'en fit - il ? oh ! vous l'allés fçavoir auffi bien que moi. *Il vous l'aprit toute entière,* & l'étendant comme il auroit fait un manteau, il en couvrit fa droite, qui n'avoit pas eu le courage de fe laiffer bruler vive dans le Bourg de Lowofitz. Les gens de Sulowitz, les Pandoures des Vignes, les Efcadrons enchantés , tout s'en trouva couvert comme du tablier d'un Tée ; & dans cette pofition ce Maitre Général attendit l'arrivée de la nuit. Nous ne fumes point tentés de cribler , de déchirer , de mettre en piece cette couverture des Fuyards. Nous nous contentions de nous gauffer du Monfieur Broune , nous imaginant , que s'en allant à foleil couché retrouver fes bagages à fon Camp de Budin, il nous donneroit lieu de dire qu'il nous avoit abandonné le Champ de Bataille. Mais il n'en fit rien. *Immobile dans fa pofition, il prépara à fon aife fon depart.* Nous nous doutions bien de quelque chofe , puifque nous ne fimes aucune difpofition pour lui donner fur les talons dans fa prétendue fuité. Mais nous n'aurions jamais cru , qu'il vouloit encore faire fes prieres du matin fur fon Champ de Bataille. Ce ne fut qu'après cet acte de Devotion rare dans un forcier, qu'il fit lever le piquet. *Il fe mit tranquillement en marche à la petite pointe de jour.* Il fit repaffer fon monde, hommes & bêtes, fur les ponts qu'il rompit enfuite. Quand nos Généraux le

cru-

crurent hors de portée, ils detachèrent le
Prince de Bévern après lui avec 8000. hom-
mes. Le Prince vit nos morts & nos bleſſés,
avec la place où avoit été le Général Autrichien, ſon Infanterie, ſon Canon, & ſes
ponts ſon Alteſſe envoya le long de l'Egra
reconnoître les paſſages. Mais quoi qu'il n'y
eut point de brouillard repoſé ſur la Rivie-
re, ſon Alteſſe ne reconnut rien ſi non
qu'elle ne reconnoiſſoit rien & qu'il ſe faiſoit tard.

Vous retiendrés bien Camarades que nos
Meſſieurs *n'ont pas cru devoir pouſſer plus
loin nos progrès en Boheme, qu'ils n'ont pen-
ſé ni à prendre Leutmeritz, ni à paſſer l'E-
gra.* En voici la raiſon. *Il leur ſuffiſoit d'avoir
battu,* comme vous venés de l'entendre, *le
Général Broune & ſon armée.*

*L'Armée Pruſſienne étoit à la verité plus
foible d'un tiers que celle de l'ennemi.* Mais
la gauche entière de Mr. Broune n'ayant
point agi; & les troupes Autrichiens qui
agirent, ſe reduiſant à 29. Bataillons, avec
les Pandoures, & les dix Eſcadrons enchantés: nous qui avions pouſſé en avant toutes
nos pieces, & tous nos pions, *nous avions raiſon
de nous croire aſſés ſuperieures aux Autrichiens.*

Or pour vous convaincre que nous avons
gagné bel & bien cette memorable bataille,
mettés vous en tête, qu'en comptant les
habitans de Lowoſitz qui ont mieux aimé
venir avec nous, que ſe laiſſer bruler dans
leurs maiſons, *nous avons 251. priſonniers de
plus que les Autrichiens.* Retenés bien que
ſans paſſer l'Egra, nous avons fouragé me-

B 3

ſure

fure prife par le quart de Cercle, jufqu'à portée du Canon de l'armée ennemie fans voir
d'ennemis. Si on vous parle de nos trois à
quatre mille bleffés, dont le tranfport a occupé tous les Charetiers, & Cochers de
Drefde, vous mettrés d'un mot les caufeurs
au *grat*, en leur repondant que la plufpart
de ces bleffés font morts de leurs bleffures:
qu'ainfi ils ne doivent point nous être cités,
puifque les morts ne font pas comptés par-
mi les vivant. En un mot nos Généraux
ont inconteftablement eu pleine victoire,
puifqu'ils ont cru *avoir mis le Général Brou-*
ne hors d'état de faire des Détachemens confi-
derables.

Il eft vrai que ce Mr. Broune, *fe mit lui-*
même quatorze jours après à la tête d'un dé-
tachement de 6000. *hommes, & qu'il fit à nô-*
tre barbe une marche de vingt lieuës pour re-
cevoir les Saxons. Mais nos Généraux ont
éprouvé les juffeffe du Raifonnement du pro-
fond *Mitchell Eifenfreffer.* Mr. Broune vint
avec fon détachement, & il s'en retourna,
comme il étoit venu. Si on vous dit que
nos Généraux auroient été d'habiles gens en
lui coupant le retour, n'en croyés rien;
car ils l'auroient fait, s'ils avoient pû le faire. Le Général Broune eft refté maitre de
la Bohème. Mais il ne doit pas s'en glori-
fier tant, puifque nous la lui avons abandonné fans marchander; & ni lui ni fon Ca-
marade Picolomini n'ont pû nous empêcher
de leurs tourner le dos pour revenir dans
nos Cantonnemens. Ils difent qu'ils nous
ont pourfuivis. Quand cela feroit, nous
n'a-

n'avons pas des yeux aux épaules ; & il eſt certain, que nous ne les avons point vû. Somme toute, mes Camarades, nous avons joué ſur le velours.   Les Saxons ont payé les Cartes. Nous verrons au Printems, qui gagnera, les enjeux.

IMPRIMÉ SUIVANT LA COPIE

Et ſe trouve *à la Haye* chez M. F. L. Varon, dans le Poote ; *à Amſterdam* chez J. La Caze, *à Leide* chez C. de Pecker, *à Rotterdam* chez J. Loozel & de Vuyk, & *à Utrecht* chez H. Spruyt, & dans les autres Villes chez les Libraires.

INV
G

BIBLIOTHEQUE NATIONALE DE FRANCE
3 7531 04447694 4

www.ingramcontent.com/pod-product-compliance
Lightning Source LLC
LaVergne TN
LVHW050324030726
842520LV00005B/1764